ANALIZA KSIĄŻKI

AF143883

Makbet

· · · · · · · · · · · · · · ·

William Shakespeare

ANALIZA KSIĄŻKI

Napisany przez Claire Cornillon
Przetłumaczony przez Kâmil Kowalski

Makbet

· ·

WILLIAM SHAKESPEARE

WILLIAM SZEKSPIR

ANGIELSKI POETA I DRAMATURG

- **Urodził się w Stratford-upon-Avon w 1564 r.**
- **Zmarł w 1616 r.**
- **Godne uwagi prace:**
- *Sen nocy letniej* (1592-1595), komedia
- *Ryszard III* (1592-1595), sztuka historyczna
- *Hamlet* (1595-1600), tragedia

Poeta i dramaturg, wybitny angielski literat, szczególnie w gatunku teatru elżbietańskiego (nazwanego tak na cześć królowej Elżbiety I, 1558-1603), William Szekspir urodził się w 1564 roku. Od czasu do czasu pojawiały się wątpliwości co do jego historycznego istnienia, które obecnie wydaje się udowodnione, choć niektóre okresy jego życia pozostają niejasne. Napisał 37 sztuk, z których wszystkie generalnie dzielą się na jedną z czterech kategorii: sztuki historyczne, takie jak *Ryszard III*, komedie, takie jak *Sen nocy letniej,* wielkie tragedie, takie jak *Hamlet* i wreszcie ostatnie sztuki, do których należą takie jak *Burza*. W latach 1600 zespół teatralny aktora i pisarza, uważany za jeden z najlepszych w Londynie, stał się rezydentem w Globe Theatre. William Szekspir zmarł w 1616 roku.

MAKBET

DZIEŁO ZDEFINIOWANE PRZEZ FATUM

- **Gatunek:** tragedia

- **Wydanie źródłowe:** Szekspir, W. (Unknown) *Macbeth*. [Online]. [Dostęp 23 listopada 2015]. Dostępny w: <http://Szekspir.mit.edu/macbeth/full.html>.

- **Pierwsze wydanie:** 1623

- **Tematyka:** wojna, los, morderstwo, władza, duchy, przepowiednia

Makbet to jedna z najsłynniejszych tragedii Szekspira, opowiadająca o tym, jak tytułowy bohater pod wpływem żony i przepowiedni wypowiedzianej przez trzy czarownice morduje króla, by zająć jego miejsce. Wystawiona po raz pierwszy w 1606 roku, została opublikowana dopiero w 1623 roku. Opublikowana wersja to historia, którą znamy dzisiaj, jednak oryginał byłby nieco inny. Sztuka, inspirowana faktami historycznymi, omawia pojęcie władzy, przedstawiając tragiczny los mężczyzny i kobiety, którzy pogrążają się w szaleństwie.

STRESZCZENIE

AKT I

W Szkocji, na wrzosowisku, trzy wiedźmy wyjaśniają, że skrzyżują ścieżki z Makbetem przed zachodem słońca. W obozie Duncana, króla Szkocji, ranny sierżant wyjaśnia królowi sytuację na polu bitwy. Chwali wyczyny generałów Makbeta i Banka, którzy dzielnie odpierali ataki króla Norwegii. Wieści przynosi także szlachcic Ross: opowiada o zdradzie księcia Kawdoru, a także o ostatecznym zwycięstwie wojsk Di-Duncana. Król postanawia: "Już więcej ten pan Kawdoru nie będzie zwodził/ Naszego boskiego interesu: idź ogłoś jego obecną śmierć,/ I z jego dawnym tytułem pozdrów Makbeta". (Akt I, Scena 2).

Makbet i Banko spotykają czarownice, które przepowiadają, że Makbet będzie gankiem Glamis, gankiem Kawdoru, a później królem. Do Banquo mówią: "Ty zdobędziesz królów, choć nie jesteś żadnym" (Akt I, Scena 3). Następnie Ross oznajmia Makbetowi, że król nadaje mu tytuł Kawdoru, potwierdzając tym samym prawdziwość przepowiedni czarownic. Makbet zaczyna planować zabójstwo króla, aby samemu zostać królem.

W pałacu w Forres Malcolm, syn króla Duncana, relacjonuje egzekucję zdrajcy Kawdora. W Inverness Lady Makbet czyta list męża, który opowiada jej o tym, co go spotkało. Postanawia popchnąć Makbeta do zamordowania Duncana, w obawie, że jego wola może osłabnąć. Wchodzi Makbet, który mówi jej, że król przyjdzie do nich.

Lady Makbet wita króla. Makbet w monologu waha się, co powinien zrobić. Postanawia nie popełniać morderstwa, ale w końcu Lady Makbet udaje się go przekonać, by to zrobił. Mówi: "Jestem zdecydowany i zginam się/ Każdy cielesny agent do tego strasznego wyczynu./ Odejdź, i wyśmiewaj czas najwspanialszym pokazem:/ Fałszywa twarz musi ukrywać to, co fałszywe serce wie" (Akt I, Scena 7).

AKT II

W nocy Makbet idzie z nożem do pokoju króla. Lady Makbet odurzyła służbę króla. Natrafia na męża, który mówi jej, że czyn został dokonany. Ponieważ Makbet nie chce wracać do komnat króla, to jego żona udaje się tam, aby rozmazać krew na służących, co ma sprawić, że wydadzą się winni. Portier otwiera drzwi Macduffowi i Lennoxowi, dwóm szkockim szlachcicom, którzy przyszli zobaczyć się z królem. Spotykają oni Makbeta i odkrywają śmierć króla. Po tym wydarzeniu dwaj synowie Duncana uciekają: Malcolm udaje się do Anglii, a Donalbain do Irlandii. Makbet zostanie królem.

AKT III

Makbet zleca zabójstwo Banka i jego syna Fleance'a, ponieważ nie może znieść myśli, że potomkowie Banka mogliby rządzić po nim. Mordercy zabijają Banka, ale jego synowi udaje się uciec. Podczas bankietu w pałacu Makbet widzi ducha Banka. Lady Makbet stara się zachować pozory przed gośćmi, którzy są zaniepokojeni kłopotami króla.

AKT IV

Makbet udaje się do czarownic i Hekate, bogini, której są posłuszne, aby poznać swoją przyszłość. Objawienia odpowiadają na jego pytania. Pierwsza zjawa mówi mu, że powinien uważać na Macduffa. Druga zjawa, zakrwawione dziecko, mówi mu: "Bądź krwawy, odważny i stanowczy; wyśmiewaj się z mocy człowieka, bo żadna zrodzona z kobiety/ Nie skrzywdzi Makbeta" (akt IV, scena 1). Trzecia zjawa – ukoronowane dziecko z drzewem w ręku – ujawnia, że "Makbet nigdy nie zostanie pokonany, dopóki/ Wielki las Birnam aż do wysokiego wzgórza Dunsinane/ nie stanie przeciwko niemu" (akt IV, scena 1). Gdy Makbet pyta, czy syn Banka będzie panował po nim, pojawiają się przed nim duchy ośmiu królów i Banka, potwierdzając tym samym jego obawy.

Lennox mówi Makbetowi, że Macduff uciekł do Anglii, a Makbet każe zdobyć jego zamek i zabić jego rodzinę. Macduff próbuje przekonać Malcolma, że Makbet jest godny korony, kiedy dowiaduje się, co stało się z jego rodziną.

AKT V

Lady Makbet tłumaczy lekarzowi, że jej pani lunatykuje i co noc wstaje. Obserwują zachowanie królowej. Pociera dłonie, aby zmyć krew, którą jej zdaniem widać na nich.

Wojska angielskie pod wodzą Malcolma, Siwarda i Macduffa przybywają do Dunsinane, by oblegać zamek. Makbet, wierząc, że nic mu się nie może stać, postanawia stawić czoła oblężeniu. Jednak żołnierze, ukryci pod gałęziami, podchodzą do zamku, sprawiając wrażenie, jakby las zbliżał się do niego: to spełnienie przepowiedni. Makbet otrzymuje wtedy wiadomość, że jego żona nie żyje. Makbet zabija młodego Siwarda, ale Macduff, który został przedwcześnie wydobyty z łona matki, zabija go, realizując tym samym drugą część przepowiedni. Malcolm zostaje wtedy królem.

STUDIUM POSTACI

MAKBET

Makbet jest generałem w służbie króla Szkocji. Jest to postać bardzo niejednoznaczna, której różne oblicza ujawniają się w trakcie sztuki. Najpierw jawi się jako epicki bohater i wojownik. Przed wejściem na scenę opisywany jest jako dzielny generał, który dokonał godnych podziwu wyczynów na polu bitwy:

> *"Dla dzielnego Makbeta – zasłużył na to miano -...*
>
> *Pogardzając fortuną, z jego stalą,*
>
> *Który palił krwawą egzekucją,*
>
> *Jak sługa męstwa wyrzeźbił swoje przejście*
>
> *Aż stanął przed niewolnikiem;*
>
> *Który nie podał ręki, ani nie pożegnał się z nim,*
>
> *Aż go rozkuł od nawy do czapek,*
>
> *I nadziały jego głowę na wałach"* (Akt I, Scena 2).

Jest ambitny, a gdy ma ku temu okazję, ulega pokusie władzy. Symbolicznie, przyjmując tytuł pan Kawdoru, który był zdrajcą, przejmuje tę funkcję i sam staje się zdrajcą. Paradoksalnie Makbet często wydaje się nieśmiały, niezdecydowany i choć pragnie zostać królem, to perspektywa królobójstwa go powstrzymuje. Nie jest zimnym zabójcą, który od początku zabija bez wahania. Kiedy możliwość popełnienia morderstwa przechodzi mu przez myśl, mówi: "Obecne lęki/ Są mniejsze niż straszne wyobrażenia:/ Moja myśl, której morderstwo jest jeszcze tylko fantazyczne,/ Poraża tak, że mój pojedynczy stan człowieka, który funkcjonuje/ Jest smother'd in surmise, i nic nie jest/ Ale to, co nie jest" (Akt I, Scena 3).

To Lady Makbet popycha go do dokonania tego czynu. Myśli sobie: "Jednak obawiam się twojej natury;/ Jest zbyt pełna mleka ludzkiej dobroci/ By złapać najbliższą drogę: chciałbyś być wielki;/ Nie jesteś bez ambicji, ale bez/ Choroby, która powinna jej towarzyszyć" (Akt I, Scena 5).

Po dokonaniu morderstwa Makbet popada coraz głębiej w przemoc i szaleństwo. Żądza władzy to błędne koło. Gdy jest już królem, nie może znieść myśli, że synowie Banka mogliby zostać jego następcami i postanawia zamordować Banka i Fleance'a. Jednak już po popełnieniu pierwszego morderstwa prześladuje go poczucie winy, które później przybiera postać ducha Banka, który przychodzi, by dręczyć go na bankiecie. Po zabiciu Duncana mówi Lady Makbet: "Boję się myśleć, co zrobiłem, / Spojrzeć na to znowu nie śmiem" (Akt I, Scena 2).

Jest postacią tragiczną, ponieważ jest manipulowany przez dyskurs czarownic i zaślepiony przez swoją ambicję. Wierząc, że jest niezwyciężony, pod koniec sztuki biegnie na śmierć, a to, co uważał za niemożliwe, zostaje osiągnięte.

LADY MAKBET

Lady Makbet jest kobietą silną, zdecydowaną, ambitną i manipulującą. Jej przemówienie pełne jest obrazów kojarzonych zazwyczaj z kobietą i matką, które całkowicie odwraca:

mówi: "Uczyńcie gęstą moją krew,/ Zatrzymajcie dostęp i przejście do wyrzutów sumienia,/ Aby żadne niesprzyjające wizyty natury/ Nie zachwiały moim upadłym celem, ani nie utrzymały pokoju między/ Efektem a nim!". (Akt I, Scena 5). To ona dominuje w dialogach z mężem i to ona działa, gdy on nie jest w stanie tego zrobić.

Jednak są też inne jej strony. Chociaż jest nieugięta w swoim celu, zżera ją również poczucie winy, prześladuje ją to morderstwo, które budzi ją w nocy i sprawia, że działa we śnie. Plamy krwi, które według niej znajdują się na jej rękach, są obrazem poczucia winy, które w końcu prowadzi do jej śmierci.

Drogi Makbeta i Lady Makbet krzyżują się więc: podczas gdy on w miarę rozwoju sztuki nabiera pewności siebie, stając się coraz bardziej ślepy, ona zaczyna zdawać sobie sprawę z pełni tego, co zrobili i zaczyna tracić pewność siebie.

BANQUO I DUNCAN

Banko i Duncan są w pewnym sensie przeciwieństwami Makbeta.

Duncan jest sprawiedliwym królem, w przeciwieństwie do Makbeta, który jest tyranem. Makbet mówi o nim w następujący sposób: "Ten Duncan/ Znosił swoje zdolności tak łagodnie, był/ Tak jasny w swoim wielkim urzędzie, że jego cnoty/ Będą błagać jak aniołowie, trąbiący, przeciwko/ Głębokiemu potępieniu jego odebrania" (Akt I, Scena 7).

Banko, podobnie jak Makbet, słyszał przepowiednię czarownic. Jest jednak podejrzliwy. Jest ostrożny wobec ich wypowiedzi i nie przyłącza się do spisku przeciwko królowi. Mówi: "Ale to dziwne: I często, aby nas zjednać do naszej szkody,/ Narzędzia ciemności mówią nam prawdę,/ Zjednują nas uczciwymi drobiazgami, aby zdradzić/ W najgłębszych konsekwencjach" (Akt I, Scena 3).

Co więcej, jest to główna różnica między sztuką Szekspira a źródłem historycznym, z którego czerpał inspirację, czyli *Kronikami Anglii, Szkocji i Irlandii* Rafaela Holinsheda (1577), gdzie Makbet staje na czele spisku przeciwko królowi Duncanowi, w którym bierze udział także Banko. Ta istotna zmiana pozwala Szekspirowi skonstruować postać Banka jako pozytywne lustrzane odbicie Makbeta. Podobnie jak on jest bohaterem wojennym, ale nie pogrąża się w piekielnym cyklu żądzy władzy i pozostaje lojalny wobec swojego króla. Fakt, że Makbet każe go zamordować, jest więc nie tylko konsekwencją symbolicznego pragnienia Makbeta, by panować wiecznie, ale także ilustracją wyboru: zabijając Banka, Makbet zabija to, czym mógłby być, a pogrąża się jeszcze bardziej w zdradzie i przemocy.

ANALIZA

TRAGICZNA FABUŁA

Makbet jest tragedią, ponieważ tytułowy bohater systematycznie robi to, co inni przewidywali, że zrobi. Z jednej strony jest zdominowany przez swoje namiętności i żądzę władzy. Z drugiej strony jest pod całkowitym wpływem żony. Nawet jeśli uważa, że coś zyskuje, to pogrąża się w degradacji. Z resekowanego bohatera staje się zdrajcą, a w końcu umiera, znienawidzony przez wszystkich. Macduff stwierdza, że: "Nie ma w legionach/ Strasznego piekła diabła bardziej potępionego/ W złu przewyższającym Makbeta" (Akt IV, Scena 3).

Nadprzyrodzoność odgrywa kluczową rolę, ponieważ wiedźmy nie tylko odsłaniają przed Makbetem jego przyszłość, ale także ją wywołują. Istoty te uosabiają dwuznaczność i dwulicowość. Ich pojawienie się jest już znakiem. Banko opisuje je w ten sposób, w swoistej wewnętrznej reżyserii scenicznej: "Żyjesz? czy jesteś czymś/ Co człowiek może kwestionować? Zdaje się, że mnie rozumiecie,/ Gdy każda z nich od razu kładzie swój palec/ Na swoich chudych ustach: powinnyście być kobietami,/ A jednak wasze brody zabraniają mi interpretować/ Że takie jesteście" (Akt I, Scena 2). Tylko dlatego, że kpią z Makbeta na temat tronu, po raz pierwszy rozważa on morderstwo. Reprezentowane przez nich siły wyższe igrają z jego myślami, obiecując mu władzę, choć wiedzą, że doprowadzi ona do jego śmierci. Ironia tragiczna polega na tym, że mówią mu, w jaki sposób umrze, ale w tak tajemniczy sposób, że nie może tego zrozumieć. Bohaterem tragicznym jest więc ten, który próbując uciec przed swoim przeznaczeniem, dokonuje go. Dlatego też pod koniec sztuki, po usłyszeniu informacji o śmierci żony, wypowiada te słynne słowa: "Życie jest tylko chodzącym cieniem, marnym grajkiem/ Który się przechadza i fretuje swoją godzinę na scenie/ A potem już go nie słychać: to opowieść/ Opowiadana przez idiotę, pełna dźwięków i furii,/ Nic nie znacząca" (Akt V, Scena 5).

Należy pamiętać, że choć *Makbet* jest tragedią, to jest to raczej tragedia elżbietańska. Tragedia ta różni się od tragedii francuskiej tym, że nie posiada jedności czasu, miejsca i akcji. Jedność tonu również nie jest konieczna, dlatego wiele tragedii Szekspira ma również kilka scen komicznych, jak np. scena z tragarzem w *Makbecie*. Ponadto dozwolone jest przedstawianie morderstw na scenie, co nie ma miejsca we francuskiej tragedii klasycznej.

SIŁA JĘZYKA

Język odgrywa w sztuce kluczową rolę.

Jest ona początkowo fałszywa i niejednoznaczna. Niejasne przepowiednie czarownic doprowadzają Makbeta do upadku. Pod koniec sztuki mówi: "I niechaj nie wierzą więcej tym kuglarzom,/ Którzy z nami pogrywają w podwójnym znaczeniu,/ Którzy słowa obietnicy trzymają dla naszego ucha,/ A łamią ją dla naszej nadziei. Nie będę z tobą walczył" (Akt V, scena 8). Ponadto język jest maską, którą Lady Makbet i jej mąż zakładają, aby ukryć swoją zbrodnię. Na przykład podczas bankietu Lady Makbet próbuje ratować twarz prozaicznym dyskursem, ale jest już za późno i ich maski już spadają.

Z drugiej strony język jest narzędziem władzy i manipulacji. Lady Makbet mówi o swoim mężu: "Przybądź do mnie, bym mógł ci w ucho wlać moje duchy, I karcić męstwem mego języka / Wszystko, co ci przeszkadza w złotej rundzie / Którą los i metafizyczna pomoc zdają się mieć cię w koronie".

(Akt I, Scena 5). W pierwszej części sztuki to kobieta jest przedstawiona jako ta, która opanowała język. W dialogach z mężem jej odpowiedzi są znacznie dłuższe i wykazują bardzo sprawną retorykę perswazji, podczas gdy wersy Makbeta są krótsze, mniej uporządkowane i często pytające. To ona prowadzi dialog. Kobieta w chrześcijańskim wyobrażeniu kojarzy się z wężem i to właśnie poprzez mowę wąż kusi Ewę i jak ona z kolei kusi Adama.

W przypadku Makbeta monolog ma często charakter rozważny, gdyż waha się on i rozważa argumenty, natomiast dyskurs Lady Makbet jest od początku obraźliwy. Sama nie popełnia morderstwa, ale jej słowa mają znaczenie performatywne. Mają taką samą wartość jak działanie, ponieważ Lady Makbet podejmuje decyzję o zabójstwie i zmusza męża do wypełnienia jej woli.

PORZĄDEK I CHAOS

W umyśle elżbietańskim świat jest skonstruowany w określony sposób, a mikrokosmos odzwierciedla makrokosmos. Jeśli pojawia się jeden element, który zmienia tę równowagę, zwycięża chaos. Dlatego tak ważna jest kwestia legitymizacji suwerena. Król jest obrazem swojego królestwa. Duncan jest więc królem sprawiedliwym i szanowanym, a Makbet przeciwnie – tyranem. Jednak porządek zostaje przywrócony dzięki wstąpieniu Malcolma na tron. Pod koniec sztuki, jakby dla zilustrowania tej odnowionej równowagi, mówi on: "To, i co jeszcze potrzebne/ Co nas wzywa, z łaski łaski,/ Wykonamy w miarę, w czasie i miejscu" (Akt V, Scena 8).

Królobójstwo jest zbrodnią przeciwko naturze, która narusza równowagę rzeczy, a całe panowanie Makbeta jest ukierunkowane w tym kierunku. Odkrywając morderstwo, Macduff wykrzykuje: "Zamęt uczynił swoje arcydzieło! Najświętsze morderstwo rozbiło namaszczoną świątynię Pana i ukradło z niej życie.!" (Akt II, Scena 3). Dlatego też przyroda również jest wzburzona. Na przykład kilka postaci wspomina o dziwnym zachowaniu zwierząt. W dniu morderstwa Duncana, Lennox mówi: "Nieznany ptak / Krzyczał przez całą noc. / Niektórzy mówią, że ziemia /była rozpalona i drżała

"(Akt II, Scena 3). Później stary człowiek mówi Rossowi: "'To nienaturalne, nawet jak czyn, który jest dokonany. W ostatni wtorek, sokół, który górował w swojej dumie, został przez sowę myśliwską zaatakowany i zabity" (Akt II, Scena 4). Dlatego też błędy Makbeta wpływają na całe królestwo.

Makbet jest nieślubnym królem, ale Malcolm przywraca prawowitość, zostając królem po nim. Wie, co oznacza ta funkcja. Nawet gdyby był człowiekiem o wielu wadach, to gdy zostanie królem, będzie uosabiał królestwo, a więc cnotę i sprawiedliwość, w przeciwieństwie do Makbeta, który pozwolił, by jego namiętności zbrukały jego funkcję jako suwerena. Malcolm mówi: "Poddaję się twojemu kierownictwu i/ Wypowiadam moje własne obawy, wyrzekam się/ Skaz i win, które na siebie nałożyłem,/ Bo są obce mojej naturze" (Akt IV, Scena 3).

DALSZA REFLEKSJA

KILKA PYTAŃ DO PRZEMYŚLENIA...

- Jakimi królami są, odpowiednio, Duncan, Makbet i Malcolm?

- Jak scena 7 aktu I prowadzi do decyzji o popełnieniu morderstwa?

- Jak zbudowany jest monolog Makbeta?

- Za pomocą jakich argumentów i jakich środków retorycznych udaje się lady Makbet zmienić zdanie męża?

- Jakie są różnice i podobieństwa między Bankiem a Makbetem?

- Jaką rolę odgrywa zjawisko nadprzyrodzone?

- Czy sztuka Szekspira respektuje jedności czasu, miejsca i akcji? Uzasadnij swoją odpowiedź.

- Jakie elementy służą do symbolizowania winy dwóch bohaterów?

- Porównaj oba spotkania z czarownicami. Czym różnią się te dwie sceny? Jakie są ich role w fabule sztuki?

- W zaproponowanej przez Eugene Ionesco przeróbce sztuki, która nosi tytuł *Macbett,* tyran zawsze zastępuje innego tyrana, w niekończącym się cyklu. Czym ta teza różni się od argumentacji sztuki Szekspira? Jakie elementy w *Makbecie* mogą mimo wszystko prowadzić do takiej interpretacji?

- Jakie znaczenie, Twoim zdaniem, Szekspir nadaje przeznaczeniu i odpowiedzialności człowieka?

- Czy uważasz, że ta sztuka może być związana z aktualnymi wydarzeniami?

DALSZE CZYTANIE

WYDANIE REFERENCYJNE

SZEKSPIR, W. (UNKNOWN) *Macbeth*. [ONLINE]. [DOSTĘP 23 LISTOPADA 2015]. DOSTĘPNY W: <http://SZEKSPIR.MIT.EDU/MACBETH/FULL.HTML>.

Chcemy usłyszeć od Ciebie, co się dzieje!
Zostaw komentarz na temat swojej internetowej biblioteki
i podziel się swoimi ulubionymi książkami w mediach społecznościowych!

Dlaczego warto wybrać Must Read?

Dowiedz się wszystkiego, co musisz wiedzieć o książce dzięki naszym zwięzłym i dogłębnym streszczeniom i analizom!

Odkryj to, co najlepsze w literaturze w zupełnie nowym świetle!

MUST READ ANALIZA KSIĄŻKI

Sekret

Philippe Grimbert

MUST READ ANALIZA KSIĄŻKI

Wiadomość w butelce

Valérie Zenatti

MUST READ ANALIZA KSIĄŻKI

Witaj, smutku

Françoise Sagan

MUST READ ANALIZA KSIĄŻKI

Obcy

Albert Camus

MUST READ ANALIZA KSIĄŻKI

Kandyd, czyli optymizm

Voltaire

MUST READ ANALIZA KSIĄŻKI

Oskar i pani Róża

Éric-Emmanuel Schmitt

www.50minutes.com

Wydawca zapewnia o wiarygodności publikowanych informacji, co jednak nie może wiązać się z jego odpowiedzialnością.

www.50minutes.com

Master ISBN: 9782808695138
Papierowy ISBN: 9782808616539
Depozyt prawny: D/2023/12603/1933

Verhaal: © Primento

Projekt cyfrowy: Primento, cyfrowy partner wydawców.